중국 문화로 엿보는 중국인의 일상 속 이야기

라이프
중국어

2

시사중국어사

라이프 중국어 ②

초판 인쇄	2024년 9월 1일
초판 발행	2024년 9월 20일

저자	권운영, 裴永琴, 刘秀平, 刘仓利
책임 편집	최미진, 연윤영, 高霞
펴낸이	엄태상
디자인	이건화
녹음	刘秀平, 刘仓利
콘텐츠 제작	김선웅, 장형진
마케팅본부	이승욱, 왕성석, 노원준, 조성민, 이선민
경영기획	조성근, 최성훈, 김다미, 최수진, 오희연
물류	정종진, 윤덕현, 신승진, 구윤주

펴낸곳	시사중국어사(시사북스)
주소	서울시 종로구 자하문로 300 시사빌딩
주문 및 문의	1588-1582
팩스	0502-989-9592
홈페이지	http://www.sisabooks.com
이메일	book_chinese@sisadream.com
등록일자	1988년 2월 12일
등록번호	제300 - 2014 - 89호

ISBN 979-11-5720-268-3 14720
979-11-5720-269-0(set)

〈라이프 중국어 2〉는 〈라이프 중국어 1〉에 이어서 '문화'에 초점을 맞춘 초급중국어 수준의 교재입니다. 〈라이프 중국어 2〉는 중국 친구와 교류하고 중국으로 여행을 계획하는 내용으로 구성되어 있어, 본 교재를 배우고 나면 중국 학생과 수강 신청도 해 보고 중국 친구와 물건도 같이 사러 갈 수 있습니다. 중국에 여행을 갔을 때, 한국 학생들이 놓칠 수 있는 중국 문화와 여행 중국어를 함께 엮어 학습하다 보면 실제 중국에 여행 간 것 같은 느낌이 들 겁니다. 마지막 부분인 중국 문화 이야기에서는 중국에서 살거나 여행하면서 겪게 되는, 반드시 알아야 할 중국 문화 요소를 추가해 두었으니 학습 후 관련 소식을 직접 검색해봄으로써 중국을 더 잘 이해할 수 있을 것이라고 생각합니다.

중국어를 배우고자 하는 학생들은 대부분 중국을 알고 싶어 하고, 중국의 어떤 분야의 문화에 관심을 갖고 있다는 뜻입니다. 이러한 학생들에게 보다 상세하게 중국과 중국어를 가르칠 수 있는 기회를 〈라이프 중국어 2〉로 도모해 보고자 합니다.

〈라이프 중국어 2〉의 특징은 세 가지로 설명할 수 있습니다.

1. 단어는 주로 HSK 2급 단어를 기초로 정리했습니다. 〈라이프 중국어 1〉의 단어 150개에 HSK 2급 단어 150개 정도가 추가적으로 보충되어 총 300개 단어만으로 구성했기 때문에 1권에 이어서 성실히 공부하면 쉽게 따라갈 수 있습니다.

2. 2권을 마치면 중국 여행을 계획할 수 있습니다. 〈라이프 중국어 1〉에서 배웠던 자기소개로 중화권 친구를 사귀고, 친구들과 학교를 다니거나 교류해 볼 수 있습니다. 직접 중국 여행을 가서 중국 문화를 체험할 수 있는 요소로 구성했습니다.

3. 마지막으로 HSK 2급 모의고사 문제를 1세트 추가해서 학생들이 〈라이프 중국어 2〉에 나오는 단어와 문장을 통해서 실제 자신의 실력을 확인할 수 있도록 준비했습니다. 꼭 끝까지 학습해서 중국으로 여행을 다녀올 수 있는 용기가 생기길 바랍니다.

적은 양의 중국어로 넓은 세상으로 나아갈 수 있도록 준비했으니, 좋은 선생님과 성실한 학생들이 만나서 그 세상에서 멋진 꿈을 펼칠 수 있길 바라겠습니다.

마지막으로, 〈라이프 중국어〉 시리즈 편찬을 위해서 애써 주신 신한대학교 국제어학과의 裴永琴 교수님, 刘秀平 교수님, 刘仓利 교수님께 감사드립니다. 그리고 중국어교재 출판 시장이 어려운 시기임에도 책을 멋지게 출판해 주신 시사중국어출판사 관계자분들께도 깊은 감사를 드립니다.

대표 저자 권은영 올림

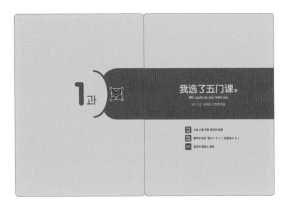

과 도입

배울 내용을 미리 알 수 있습니다.

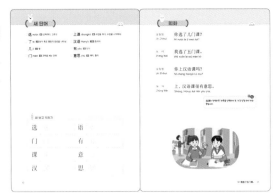

새 단어

새 단어를 미리 익히고,
또 써 봅니다.

회화

중국에 대해 잘 알 수 있도록
중국 현지 상황을 담은
생생한 대화만을 실었습니다.

핵심 포인트

이번 과에서 주요하게 학습하고 익혀야 할
핵심 어법 및 표현을 실었습니다.
학습 후 핵심 내용을 빈 곳에 정리해 보세요.

연습문제

HSK 형식의 연습문제와 교체연습을 실었습니다.

China Talk Talk

중국과 한걸음 더 가까워질 수 있도록
중국 문화에 대한 흥미로운 내용을
담았습니다.

해석 및 정답, 색인

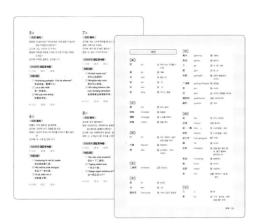

별책부록1

여행 중국어 카드

중국 여행 가서 바로 쓸 수
있는 실용적 여행 중국어
회화만 모았습니다.

별책부록2

**HSK 실전모의고사
2급(1세트) &
정답 및 스크립트/해석**

회화로 실력 쌓고!
HSK 시험 문제로 마무리하여
HSK에 도전할 수 있습니다.

5

제목	학습 내용	
1과 **我选了五门课。** 저는 다섯 과목을 신청했어요.	학습내용	수강 신청 관련 중국어 표현
	핵심어법	동작의 완료 '동사 + 了 le' | 의문대사 几 jǐ
	문화	중국의 캠퍼스 문화
2과 **他们在打太极拳呢。** 그들은 태극권을 하고 있어요.	학습내용	취미 관련 중국어 표현
	핵심어법	동작의 진행 '在 zài + 동사(呢)' | 조동사 会 huì
	문화	중국 대학생의 여가 생활 문화
3과 **明天一起吃早饭吧?** 내일 같이 아침 먹을까요?	학습내용	시간 약속 관련 중국어 표현
	핵심어법	시간 표현 点 diǎn, 分 fēn | 어기조사 吧 ba
	문화	중국의 만만디(慢慢地 천천히) 문화
4과 **来一个麻辣烫。** 마라탕 하나 주세요.	학습내용	음식 주문 관련 중국어 표현
	핵심어법	수량 구조 '수사+양사+명사' | 주문 표현 来 lái
	문화	중국의 음식 문화
5과 **我要一杯拿铁。** 라테 한 잔 주세요.	학습내용	음료 주문 관련 중국어 표현
	핵심어법	조동사 要 yào | 선택 의문문 A还是B?
	문화	중국의 차와 술 문화
6과 **欢迎来我家做客。** 우리 집에 온 걸 환영해요.	학습내용	손님 마중 관련 중국어 표현
	핵심어법	정도부사 太 tài | 快 kuài + 동사
	문화	중국의 선물 문화
7과 **我想看看这块智能手表。** 이 스마트워치를 좀 보고 싶어요.	학습내용	물건 구매 관련 중국어 표현
	핵심어법	조동사 可以 kěyǐ | 동사의 중첩
	문화	중국의 쇼핑 문화
8과 **您用微信还是支付宝?** 위챗페이로 결제하시겠어요 아니면 알리페이로 결제하시겠어요?	학습내용	결제 방식 관련 중국어 표현
	핵심어법	의문사 多少 duōshao | 有 yǒu & 没有 méi yǒu
	문화	중국의 SNS 문화
9과 **你收到礼物了吗?** (당신) 선물 받았어요?	학습내용	선물 관련 중국어 표현
	핵심어법	동작의 완료 부정 没(有) méi(yǒu) + 동사 | 好…… 啊 hǎo……a
	문화	중국의 명절과 기념일 문화
10과 **你喜欢做什么?** 당신은 무엇을 하는 걸 좋아합니까?	학습내용	취미 활동 관련 중국어 표현
	핵심어법	……的时候 …… de shíhou | 喜欢 xǐhuan + 동사
	문화	중국인의 운동 문화
11과 **他找到好工作了。** 그는 좋은 직장을 찾았어요.	학습내용	취업 및 진학 관련 중국어 표현
	핵심어법	동사 + 到 dào | 조동사 想 xiǎng
	문화	중국 대학생의 취업 준비 문화
12과 **假期我打算去上海旅游。** 휴가 기간에 저는 상하이로 여행 갈 계획이에요.	학습내용	여행 계획 관련 중국어 표현
	핵심어법	打算 dǎsuàn | 경험 '동사 + 过 guo'
	문화	중국의 건강 생활 문화

张伟(장웨이) Zhāng Wěi

남, 20세,
시사외국어대학교 2학년 학생.

金智慧(김지혜) Jīn Zhìhuì

여, 19세,
시사외국어대학교 한국인 유학생.

일러두기

품사 약어

명사	명	형용사	형	접속사	접
고유명사	고유	부사	부	감탄사	감
동사	동	수사	수	조사	조
조동사	조동	양사	양		
대사	대사	개사	개		

1과

我选了五门课。

Wǒ xuǎn le wǔ mén kè.

저는 다섯 과목을 신청했어요.

 학습 내용 수강 신청 관련 중국어 표현

 핵심 어법 동작의 완료 '동사 + 了 le' | 의문대사 几 jǐ

문화 중국의 캠퍼스 문화

01-1

□ 选 xuǎn 동 선택하다, 고르다

□ 了 le 조 동작 혹은 행동의 완료를 나타냄

□ 几 jǐ 대 몇

□ 门 mén 양 과목을 세는 단위

□ 上课 shàngkè 동 수업을 하다, 수업을 시작하다

□ 汉语 Hànyǔ 고유 중국어

□ 有 yǒu 동 있다

□ 意思 yìsi 명 재미, 흥미

✏️ 써 보고 익히기

选	选	语	语
门	门	有	有
课	课	意	意
汉	汉	思	思

金智慧
Jīn Zhìhuì

你选了几门课？

Nǐ xuǎn le jǐ mén kè?

张 伟
Zhāng Wěi

我选了五门课。

Wǒ xuǎn le wǔ mén kè.

金智慧
Jīn Zhìhuì

你上汉语课吗？

Nǐ shàng Hànyǔ kè ma?

张 伟
Zhāng Wěi

上，汉语课很有意思。

Shàng, Hànyǔ kè hěn yǒu yìsi.

选课는 직역하면 '과목을 선택하다'로 '수강 신청을 하다'는 뜻입니다.

1 동사 + 了 le

중국어 了 le는 동사 뒤에 붙어 동작 혹은 행동의 완료를 나타냅니다.

- 我选了五门课。 저는 다섯 과목을 신청했어요.
  Wǒ xuǎn le wǔ mén kè.

- 我选了编码课。 저는 코딩 수업을 신청했어요.
  Wǒ xuǎn le biānmǎ kè.

- 他喝了两杯美式咖啡。 그는 아메리카노 두 잔을 마셨어요.
  Tā hē le liǎng bēi měishì kāfēi.

- 我买了一本书。 저는 책을 한 권 샀어요.
  Wǒ mǎi le yì běn shū.

어휘 编码课 biānmǎ kè 명 코딩 수업 | 喝 hē 동 마시다 | 杯 bēi 양 잔(잔을 세는 단위)
美式咖啡 měishì kāfēi 고유 아메리카노 | 买 mǎi 동 사다 | 本 běn 양 권(책을 세는 단위)
书 shū 명 책

2 의문대사 几 jǐ

의문대사 几 jǐ는 '몇'이라는 뜻으로 숫자 혹은 수량에 대해 물을 때 사용합니다.

A 你选了几门课?
Nǐ xuǎn le jǐ mén kè?
당신 몇 과목 (수강) 신청 했어요?

B 我选了五门课。
Wǒ xuǎn le wǔ mén kè.
저는 다섯 과목을 신청했어요.

A 你买了几本书?
Nǐ mǎi le jǐ běn shū?
당신 책 몇 권 샀어요?

B 我买了一本书。
Wǒ mǎi le yì běn shū.
저는 책을 한 권 샀어요.

A 你喝了几杯咖啡?
Nǐ hē le jǐ bēi kāfēi?
당신 커피 몇 잔 마셨어요?

B 我喝了两杯咖啡。
Wǒ hē le liǎng bēi kāfēi.
저는 커피를 두 잔 마셨어요.

A 你上了几门课?
Nǐ shàng le jǐ mén kè?
당신 몇 과목 수업을 했어요?

B 我上了七门课。
Wǒ shàng le qī mén kè.
저는 일곱 과목을 수업했어요.

✏ 핵심 정리 해 보기

연습문제

1 주어진 사진 중에서 녹음 스크립트와 일치하는 것을 선택하세요. 🎧 01-3

예시 这是我的书。 Zhè shì wǒ de shū.

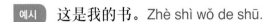

(A)   B   C

(1)

A   B   C

(2)

수강 과목	수강 과목	수강 과목
☐ 대학 영어	☐ 대학 영어	☐ 대학 영어
☐ 컴퓨터 활용	☐ 컴퓨터 활용	☐ 컴퓨터 활용
☐ 대학 중국어	☐ 대학 중국어	☐ 대학 중국어
☐ 글로벌 이슈	☐ 빅데이터 경영	☐
☐	☐ 글로벌 이슈	☐
A	B	C

(3)

A   B   C

2 밑줄 친 부분을 제시어로 바꿔 대화를 완성하세요. 🎧 01-4

(1) **A:** 你选了几门课?
Nǐ xuǎn le jǐ mén kè?

B: 我选了五门课。
Wǒ xuǎn le wǔ mén kè.

买了几本书
mǎi le jǐ běn shū

买了一本书
mǎi le yì běn shū

喝了几杯咖啡
hē le jǐ bēi kāfēi

喝了两杯咖啡
hē le liǎng bēi kāfēi

上了几门课
shàng le jǐ mén kè

上了三门课
shàng le sān mén kè

(2) **A:** 你上什么课?
Nǐ shàng shénme kè?

B: 我上汉语课。
Wǒ shàng Hànyǔ kè.

买什么书
mǎi shénme shū

买汉语书
mǎi Hànyǔ shū

选什么课
xuǎn shénme kè

选编码课
xuǎn biānmǎ kè

喝什么咖啡
hē shénme kāfēi

喝美式咖啡
hē měishì kāfēi

3 친구에게 이번 학기 신청한 과목 수와 수강 과목에 대해 묻고 다음 표를 완성해 보세요.

(1) A: 你选了几门课?
　　　 Nǐ xuǎn le jǐ mén kè?

B: 我选了 _____ 。
　 Wǒ xuǎn le _____.

(2) A: 你上什么课?
　　　 Nǐ shàng shénme kè?

B: 我上 _____ 、 _____ 、
　 _____ 。
　 Wǒ shàng _____ 、
　 _____ 、 _____.

	이름	신청한 과목 수	수강 과목
1			
2			
3			

4 제시된 질문에 알맞은 답을 골라 괄호 안에 알파벳을 적어 보세요.

보기 Ⓐ 喝 hē　Ⓑ 有意思 yǒu yìsi　Ⓒ 选 xuǎn　Ⓓ 韩国人 Hánguórén

예시 我是 (Ⓓ) 。
　　 Wǒ shì ( ).

(1) 汉语课很 ( ) 。
　　 Hànyǔ kè hěn ( ).

(2) 我 ( ) 了两杯咖啡。
　　 Wǒ ( ) le liǎng bēi kāfēi.

(3) 我 ( ) 了四门课。
　　 Wǒ ( ) le sì mén kè.

18

중국의
캠퍼스 문화

한국 대학생들은 '캠퍼스 문화' 하면, '신입생 오리엔테이션', '동아리 활동', '체육대회', '축제' 등 캠퍼스의 낭만을 기대하면서 대학 생활을 시작합니다. 특히 축제기간이 되면 각 대학별로 유명 연예인을 초청하여 지역 주민들과 함께 축제를 즐기기도 합니다.

중국의 캠퍼스 문화는 바람직한 도덕적 소양을 제고하기 위한 단체 생활에 초점을 둡니다. 동아리 활동도 가능하지만 주로 교수와 학생들의 연합 활동인 학술대회와 같은 학술적 활동을 권장합니다. 이 밖에도 사회주의 건설자를 양성하는 것을 목표로 하는 문예, 체육, 교련(군사 훈련) 등이 있습니다.

하지만 중국의 대학에도 역시 낭만은 존재합니다. 학생들이 자체적으로 등산, 수영, 카누 대회 등 대학 스포츠 대회를 개최하기도 합니다. 그리고 각 학과별 행사나 학교 내 다양한 동아리 활동도 존재합니다. 특히 앞에서 말한 단체 경기는 소속감을 제고하고 결속력을 향상시키며 젊은이들이 사회에 적응하고 도덕적, 문화적 소양을 함양한 인재로 성장하도록 하는 데 목적이 있습니다.

2과

他们在打太极拳呢。

Tāmen zài dǎ tàijíquán ne.

그들은 태극권을 하고 있어요.

학습 내용	취미 관련 중국어 표현
핵심 어법	동작의 진행 '在 zài + 동사(呢)' | 조동사 会 huì
문화	중국 대학생의 여가 생활 문화

🎧 02-1

- 在 zài 🔵 동작 혹은 행동의 진행을 나타냄
- 做 zuò 🔵 하다, 만들다
- 打 dǎ 🔵 치다, 때리다, (놀이 · 운동 등을) 하다
- 会 huì 🔵 (배워서) ~할 줄 알다
- 太极拳 tàijíquán 🔵 태극권

✏️ 써 보고 익히기

在	在	太	太
做	做	极	极
会	会	拳	拳
打	打		

02-2

金智慧　他们在做什么呢？
Jīn Zhìhuì　Tāmen zài zuò shénme ne?

张　伟　他们在打太极拳呢。
Zhāng Wěi　Tāmen zài dǎ tàijíquán ne.

金智慧　你会打太极拳吗？
Jīn Zhìhuì　Nǐ huì dǎ tàijíquán ma?

张　伟　我会打太极拳。
Zhāng Wěi　Wǒ huì dǎ tàijíquán.

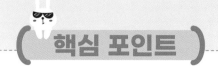

1 在 zài + 동사(呢)

동사 앞에 在 zài가 출현하는 경우 행동 혹은 동작이 진행 중임을 나타냅니다. 문장 끝에 呢 ne 를 붙이면 부드러운 어조를 나타냅니다.

- 他们在做什么(呢)?　　그들은 무엇을 하고 있어요?
  Tāmen zài zuò shénme (ne)?

- 他在学习(呢)。　　그는 공부를 하고 있어요.
  Tā zài xuéxí (ne).

- 妈妈在跳广场舞(呢)。　　엄마는 광장춤을 추고 있어요.
  Māma zài tiào guǎngchǎngwǔ (ne).

- 我们在骑自行车(呢)。
  Wǒmen zài qí zìxíngchē (ne).
  우리는 자전거를 타고 있어요.

어휘　　学习 xuéxí 통 공부하다, 배우다 ㅣ 跳 tiào 통 뛰다, (춤을) 추다 ㅣ 广场舞 guǎngchǎngwǔ 명 광장춤 ㅣ 骑 qí 통 (말·자전거·오토바이 등을) 타다 ㅣ 自行车 zìxíngchē 명 자전거

2 조동사 会 huì

조동사 会 huì는 동사 앞에 쓰여 습득을 통해 '~할 줄 알다'라는 뜻을 나타냅니다. 이에 대한 부정은 会 앞에 不를 붙이면 됩니다.

- 你会打太极拳吗? 당신은 태극권을 할 줄 알아요?
  Nǐ huì dǎ tàijíquán ma?

- 我会游泳。 저는 수영할 줄 알아요.
  Wǒ huì yóuyǒng.

- 我会说汉语。 저는 중국어를 할 줄 알아요.
  Wǒ huì shuō Hànyǔ.

- 他不会开车。 그는 운전할 줄 몰라요.
  Tā bú huì kāichē.

어휘 | 游泳 yóuyǒng 동 수영하다 | 说 shuō 동 말하다 | 开车 kāichē 동 운전하다

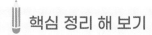 핵심 정리 해 보기

연습문제

1 주어진 사진 중에서 녹음 스크립트와 일치하는 것을 선택하세요. 🎧 02-3

예시 这是我的书。Zhè shì wǒ de shū.

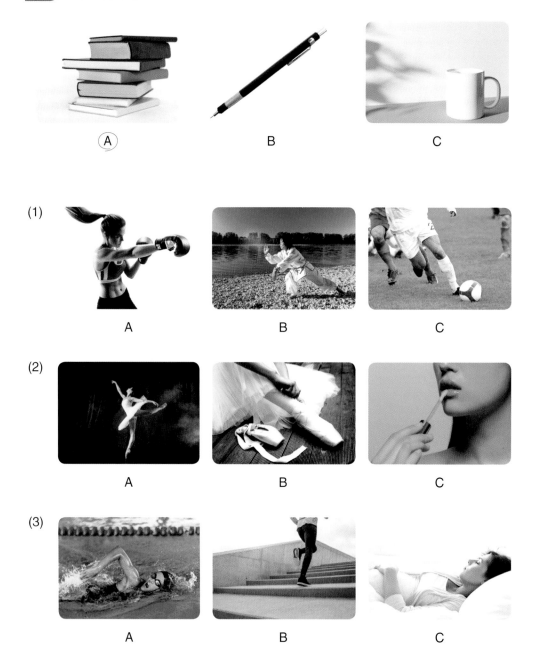

Ⓐ   B   C

(1)   A   B   C

(2)   A   B   C

(3)   A   B   C

2 밑줄 친 부분을 제시어로 바꿔 대화를 완성하세요. 🎧02-4

(1)　A: 你在做什么呢?
　　　　Nǐ zài zuò shénme ne?

　　　　　　　　　　　　　　　　　　B: 我在打太极拳呢。
　　　　　　　　　　　　　　　　　　　Wǒ zài dǎ tàijíquán ne.

　　　　学习
　　　　xuéxí

　　　　跳广场舞
　　　　tiào guǎngchǎngwǔ

　　　　开车
　　　　kāichē

(2)　A: 你会打太极拳吗?
　　　　Nǐ huì dǎ tàijíquán ma?

　　　　　　　　　　　　　　　　　　B: 我会。
　　　　　　　　　　　　　　　　　　　Wǒ huì.

　　　　骑自行车
　　　　qí zìxíngchē

　　　　说汉语
　　　　shuō Hànyǔ

　　　　游泳
　　　　yóuyǒng

3 친구와 '누가 무엇을 하고 있는지'에 대해 중국어로 대화해 보고 아래 표를 완성해 보세요.

A: _____ 在做什么?
_____ zài zuò shénme?

B: _____ 在 _____ 。
_____ zài _____ .

	누가	지금 무엇을 하고 있는지
1	小李	
2	她们	
3	大家	

참고어휘   大家 dàjiā 대사 모두

4 제시된 질문에 알맞은 답을 골라 네모 칸 안에 알파벳을 적어 보세요.

Nǐ shì Hánguórén ma?
예시 你是韩国人吗?   B

Tā huì shuō Hànyǔ ma?
(1) 她会说汉语吗?

Tā zài zuò shénme?
(2) 她在做什么?

Wǒ huì kāichē. Nǐ ne?
(3) 我会开车。你呢?

Tā zài tiào guǎngchǎngwǔ ne.
Ⓐ 她在跳广场舞呢。

Bú shì.
Ⓑ 不是。

Wǒ yě huì kāichē.
Ⓒ 我也会开车。

Tā bú huì.
Ⓓ 她不会。

중국 대학생의
여가 생활 문화

    중국 대학생들은 주말에 무엇을 할까요? 독서가 1위, 그 다음으로 영화 보기와 전시회 관람, 음악 듣기 등이 있습니다. 또는 청소를 하거나 시장을 돌아다니기도 합니다. 혼자 혹은 친구들과 맛집을 찾아 가거나 쇼핑을 나가는 것도 여가 생활의 한 부분입니다. 그러나 친구들과 여행을 가거나 동아리 활동 등 단체 활동에 참여하는 일은 드뭅니다. 오히려 영어 학원을 다니거나 자기 계발에 시간을 할애합니다.

    한국은 동아리 활동이 매우 다채롭게 진행되지만, 중국은 '모임'을 만들어서 공식적인 장소에서 '집회'를 하는 것이 쉽지 않습니다. 사회적 활동에 비교적 제약이 있기 때문입니다. 우리는 중국이 사회주의 국가이고 집단 활동을 많이 할 것이라고 예상하지만 오히려 '개인주의'적 성향이 강하다는 것을 가까운 중국 친구를 통해 쉽게 알 수 있습니다.

3과

明天一起吃早饭吧?

Míngtiān yìqǐ chī zǎofàn ba?

내일 같이 아침 먹을까요?

학습 내용	시간 약속 관련 중국어 표현
핵심 어법	시간 표현 点 diǎn, 分 fēn	어기조사 吧 ba
문화	중국의 만만디(慢慢地 천천히) 문화

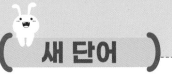 **새 단어**

□ **一起** yìqǐ 📗 함께, 같이

□ **早饭** zǎofàn 📙 아침밥

□ **吧** ba 📘 제안 또는 건의를 나타냄

□ **点** diǎn 📗 시(시간을 나타내는 단위)

□ **半** bàn 📕 절반, 반

□ **怎么样** zěnmeyàng 📙 어떠하다, 어떻다

□ **在** zài 📘 ~에, ~에서

□ **食堂** shítáng 📙 식당
　*주로 구내식당을 가리킴.

□ **见** jiàn 📗 만나다

✏️ 써 보고 익히기

起	起	在	在
饭	饭	食	食
怎	怎	堂	堂
样	样	见	见

张 伟
Zhāng Wěi

明天一起吃早饭吧？
Míngtiān yìqǐ chī zǎofàn ba?

金智慧
Jīn Zhìhuì

好，几点？
Hǎo, jǐ diǎn?

张 伟
Zhāng Wěi

7点半怎么样？
Qī diǎn bàn zěnmeyàng?

金智慧
Jīn Zhìhuì

好的，7点半我们在食堂见。
Hǎo de, qī diǎn bàn wǒmen zài shítáng jiàn.

1 시간 표현 点 diǎn, 分 fēn

중국어에서는 点(시), 分(분)을 사용하여 시간을 표현합니다. 이에 대한 질문은 의문대사 几 jǐ를 사용합니다.

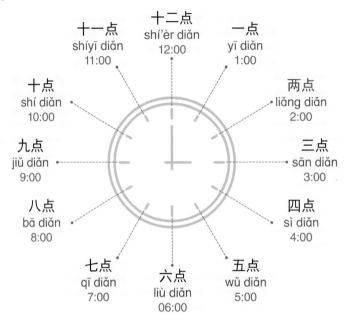

一点 yī diǎn	两点 liǎng diǎn	三点 sān diǎn	四点 sì diǎn	五点 wǔ diǎn	六点 liù diǎn	七点 qī diǎn	八点 bā diǎn	九点 jiǔ diǎn	十点 shí diǎn	十一点 shíyī diǎn	十二点 shí'èr diǎn
1:00	2:00	3:00	4:00	5:00	6:00	7:00	8:00	9:00	10:00	11:00	12:00

一点(零)五分 yī diǎn (líng) wǔ fēn	两点十分 liǎng diǎn shí fēn	九点三十分 / 九点半 jiǔ diǎn sānshí fēn / jiǔ diǎn bàn
1:05	2:10	9:30

A 现在几点?
Xiànzài jǐ diǎn?
지금 몇 시예요?

B 现在两点半。
Xiànzài liǎng diǎn bàn.
지금 2시 반이에요.

A 你几点上课?
Nǐ jǐ diǎn shàngkè?
당신 몇 시에 수업해요?

B 我三点上课。
Wǒ sān diǎn shàngkè.
저는 3시에 수업해요.

어휘 | 分 fēn 양 분(분을 나타내는 단위) | 两 liǎng 수 둘, 2 | 零 líng 수 영, 0

A 你几点吃早饭?
Nǐ jǐ diǎn chī zǎofàn?
당신 몇 시에 아침 식사해요?

B 我八点吃早饭。
Wǒ bā diǎn chī zǎofàn.
저는 8시에 아침 식사해요.

A 你十点几分下课?
Nǐ shí diǎn jǐ fēn xiàkè?
당신 10시 몇 분에 수업 끝나요?

B 我十点五十分下课。
Wǒ shí diǎn wǔshí fēn xiàkè.
저는 10시 50분에 수업 끝나요.

2 어기조사 吧 ba

어기조사 吧 ba는 문장 끝에 쓰여 건의 또는 제안을 나타냅니다.

- 明天一起吃早饭吧? 내일 같이 아침 먹을까요?
  Míngtiān yìqǐ chī zǎofàn ba?

- 我们看电影吧? 우리 영화 볼까요?
  Wǒmen kàn diànyǐng ba?

- 我们三点见吧? 우리 세 시에 만날까요?
  Wǒmen sān diǎn jiàn ba?

- 明天你开车吧? 내일 당신이 운전할래요?
  Míngtiān nǐ kāichē ba?

어휘　　下课 xiàkè 통 수업이 끝나다 ｜ 看 kàn 통 보다 ｜ 电影 diànyǐng 명 영화

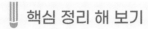
핵심 정리 해 보기

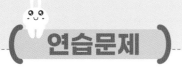

1 주어진 사진 중에서 녹음 스크립트와 일치하는 것을 선택하세요. 🎧03-3

예시　这是我的书。　Zhè shì wǒ de shū.

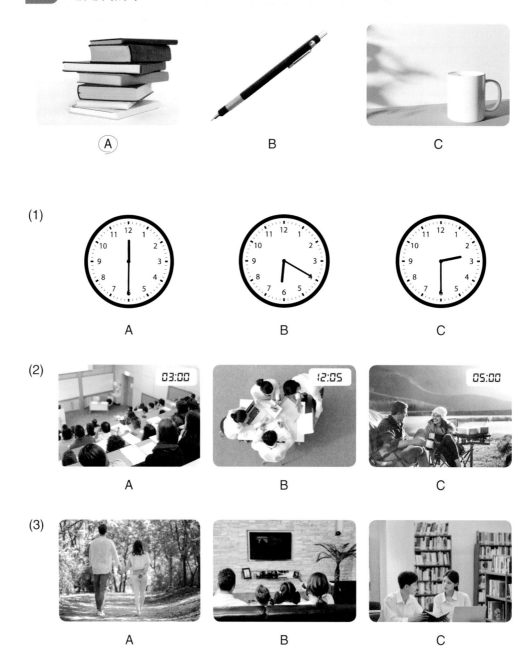

Ⓐ　　　　　　　B　　　　　　　C

(1)

A　　　　　　　B　　　　　　　C

(2)

A　　　　　　　B　　　　　　　C

(3)

A　　　　　　　B　　　　　　　C

2 밑줄 친 부분을 제시어로 바꿔 대화를 완성하세요. 🎧03-4

(1) A: 明天一起吃早饭吧?　　　　　　　B: 好啊。
　　　　Míngtiān yìqǐ chī zǎofàn ba?　　　　Hǎo a.

　　　看电影
　　　kàn diànyǐng

　　　去食堂
　　　qù shítáng

　　　喝咖啡
　　　hē kāfēi

(2) A: 你几点上课?　　　　　　B: 我3点上课。
　　　　Nǐ jǐ diǎn shàngkè?　　　Wǒ sān diǎn shàngkè.

下课	11点50分	下课
xiàkè	shíyī diǎn wǔshí fēn	xiàkè
吃早饭	7点半	吃早饭
chī zǎofàn	qī diǎn bàn	chī zǎofàn
见朋友	两点	见朋友
jiàn péngyou	liǎng diǎn	jiàn péngyou

3 보기를 참고하여 중국어로 다음 상황에 맞춰 친구와 약속을 잡아 보세요.

	내용	시간	장소
상황1	吃饭 chīfàn	早上7:30 zǎoshang qī diǎn bàn	食堂 shítáng
상황2	去上课 qù shàngkè	上午10:30 shàngwǔ shí diǎn bàn	学校门口 xuéxiào ménkǒu
상황3	看电影 kàn diànyǐng	晚上8:00 wǎnshang bā diǎn	电影院 diànyǐngyuàn

보기

A: 明天一起 _____ 吧?
Míngtiān yìqǐ _____ ba?

B: 好啊, 几点?
Hǎo a, jǐ diǎn?

A: _____ 怎么样?
_____ zěnmeyàng?

B: 好的, _____ 我们在 _____ 见。
Hǎo de, _____ wǒmen zài _____ jiàn.

참고 어휘 吃饭 chīfàn 통 밥을 먹다 | 早上 zǎoshang 명 아침 | 上午 shàngwǔ 명 오전 |
门口 ménkǒu 명 입구 | 晚上 wǎnshang 명 저녁 | 电影院 diànyǐngyuàn 명 영화관

4 제시된 질문에 알맞은 답을 골라 네모 칸 안에 알파벳을 적어 보세요.

예시 Nǐ shì Hánguórén ma?
你是韩国人吗?   **B**

(1) Míngtiān yìqǐ chī zǎofàn ba?
明天一起吃早饭吧?

(2) Wǒmen jǐ diǎn jiàn?
我们几点见?

(3) Nǐ shíyī diǎn jǐ fēn xiàkè?
你11点几分下课?

Ⓐ Hǎo a.
好啊。

Ⓑ Bú shì.
不是。

Ⓒ Wǒ shíyī diǎn wǔshí fēn xiàkè.
我11点50分下课。

Ⓓ Qī diǎn bàn zěnmeyàng?
7点半怎么样?

중국의 만만디(慢慢地 천천히) 문화

　중국에서 길을 물을 때 '얼마나 걸려요?'라고 물으면 대부분의 중국인들은 '곧(马上 mǎshàng)'이라고 대답합니다. 그 말을 믿고 한참을 가도 목적지는 보이지 않아, 그래서 다시 '얼마나 걸려요?'라고 물어보면, 또 '곧' 도착한다고 말합니다. 중국의 '곧'은 우리나라의 '곧'과 다른가 봅니다.

　중국은 일을 처리하는 데 있어서도 '만만디(慢慢地 mànmànde)', 매우 신중한 편입니다. 특히, 복잡한 일을 처리하거나 중요한 계약을 앞두고 있을 때, 중국 사람들은 수차례 검토를 하고 차일피일 미루기도 합니다. 이를 신중하다고 할 수도 있지만, 일정을 지키지 않고 '만만디'를 외쳐서 답답함을 느낄 수도 있습니다.

　식당에서도 '만만디' 문화를 찾아볼 수 있습니다. 우리나라 사람들은 식당에 가면 음식이 빨리 나오기를 바랍니다. 그러나 중국인들은 좋은 음식일수록 정성을 다해 만들어 낸다는 생각이 있어서 음식이 천천히 나와도 개의치 않으며, 오히려 음식을 천천히 음미하며 먹는 것을 즐깁니다.

4과

来一个麻辣烫。

Lái yí ge málàtàng.

마라탕 하나 주세요.

학습 내용	음식 주문 관련 중국어 표현
핵심 어법	수량 구조 '수사+양사+명사' | 주문 표현 来 lái
문화	중국의 음식 문화

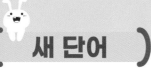

새 단어

04-1

- 服务员 fúwùyuán 명 (서비스업의) 종업원

- 家 jiā 명 가게 · 음식점 · 병원 등을 세는 단위

- 菜 cài 명 요리, 음식

- 最 zuì 부 가장, 제일

- 好吃 hǎochī 형 맛있다

- 锅包肉 guōbāoròu 고유 궈바오러우

- 来 lái 동 오다, 음식 혹은 음료 주문 용어

- 个 gè 양 개, 명(사물 · 사람을 세는 단위)
  *个는 원래 4성이나 문장 속에서는 경성으로 표시함.

- 麻辣烫 málàtàng 고유 마라탕

- 稍 shāo 부 약간, 조금

- 等 děng 동 기다리다

✏️ 써 보고 익히기

服	服		锅	锅	
务	务		辣	辣	
菜	菜		稍	稍	
最	最		等	等	

金智慧 **服务员，你们家什么菜最好吃？**
Jīn Zhìhuì Fúwùyuán, nǐmen jiā shénme cài zuì hǎochī?

服务员 **我们家锅包肉很好吃。**
Fúwùyuán Wǒmen jiā guōbāoròu hěn hǎochī.

金智慧 **来一个麻辣烫、一个锅包肉。**
Jīn Zhìhuì Lái yí ge málàtàng、yí ge guōbāoròu.

服务员 **好的，请稍等。**
Fúwùyuán Hǎo de, qǐng shāo děng.

꿀팁
문장부호 '、'은 열거할 때 씁니다.

1 수량 구조

중국어에는 수량을 표현할 때 '수사+양사+명사'의 구조를 사용하며 이를 수량 구조라고 합니다.

- **一个锅包肉** 궈바오러우 한 개
  yí ge guōbāoròu

- **两碗米饭** 밥 두 그릇
  liǎng wǎn mǐfàn

- **三杯奶茶** 밀크티 세 잔
  sān bēi nǎichá

- **四瓶可乐** 콜라 네 병
  sì píng kělè

어휘 **碗** wǎn 명 그릇(그릇, 공기를 세는 단위) | **米饭** mǐfàn 명 쌀밥 | **奶茶** nǎichá 명 밀크티 |
瓶 píng 명 병(병을 세는 단위) | **可乐** kělè 명 콜라

2 음식, 음료 주문 표현 来 lái

중국어로 음식 또는 음료를 주문할 때, 来 lái 뒤에 음료 혹은 음식의 수량을 나타내는 수량 구조를 붙여 사용합니다.

- 来一个麻辣烫、一个锅包肉。 마라탕 하나, 궈바오러우 하나 주세요.
  Lái yí ge málàtàng、yí ge guōbāoròu.

- 来一杯奶茶。 밀크티 한 잔 주세요.
  Lái yì bēi nǎichá.

- 来两碗牛肉面。 우육면 두 그릇 주세요.
  Lái liǎng wǎn níuròumiàn.

- 来一瓶可乐。 콜라 한 병 주세요.
  Lái yì píng kělè.

어휘 牛肉面 níuròumiàn 명 우육면, 소고기면

✏️ **핵심 정리 해 보기**

연습문제

1 주어진 사진 중에서 녹음 내용과 일치하는 것을 선택하세요. 🎧04-3

예시   这是我的书。 Zhè shì wǒ de shū.

Ⓐ

B

C

(1)

A

B

C

(2)

A

B

C

(3)

A

B

C

2 밑줄 친 부분을 제시어로 바꿔 대화를 완성하세요. 🎧 04-4

(1) A: 你吃什么?
    Nǐ chī shénme?

B: 我吃一碗麻辣烫。
    Wǒ chī yì wǎn málàtàng.

喝
hē

买
mǎi

点
diǎn

喝 两瓶可乐
hē liǎng píng kělè

买 一本书
mǎi yì běn shū

点 一杯奶茶
diǎn yì bēi nǎichá

(2) A: 你点什么?
    Nǐ diǎn shénme?

B: 我来一个锅包肉。
    Wǒ lái yí ge guōbāoròu.

一个麻辣烫
yí ge málàtàng

两杯咖啡
liǎng bēi kāfēi

一碗牛肉面
yì wǎn niúròumiàn

어휘 **点** diǎn 통 (요리를) 주문하다

3 메뉴판을 보고 친구와 음식 주문하는 연습을 해 보세요.

MENU

锅包肉	guōbāoròu	50元
麻辣烫	málàtàng	25元
羊肉串	yángròuchuàn	30元
牛肉面	niúròumiàn	15元
炒饭	chǎofàn	20元

A: 服务员，我点菜。
　 Fúwùyuán, wǒ diǎn cài.

B: 您点什么菜?
　 Nín diǎn shénme cài?

A: 来 ＿＿＿＿＿、＿＿＿＿＿。
　 Lái ＿＿＿＿＿、＿＿＿＿＿.

참고어휘　羊肉串(儿) yángròuchuàn(r) 명 양꼬치 | 炒饭 chǎofàn 명 볶음밥 |
炒菜 diǎn cài 통 요리를 주문하다

4 제시된 질문에 알맞은 답을 골라 괄호 안에 알파벳을 적어 보세요.

보기　Ⓐ 来 lái　　Ⓑ 等 děng　　Ⓒ 最 zuì　　Ⓓ 韩国人 Hánguórén

예시　我是 (　Ⓓ　) 。
　　　 Wǒ shì (　　　).

(1)　我家麻辣烫 (　　　) 好吃。
　　 Wǒ jiā málàtàng (　　　) hǎochī.

(2)　(　　　) 一个锅包肉。
　　 (　　　) yí ge guōbāoròu.

(3)　请稍 (　　　) 。
　　 Qǐng shāo (　　　).

48

중국의
음식 문화

우리나라 사람들의 중국 음식에 대한 관심이 나날이 커지고 있습니다. 최근 우리나라 젊은이들에게 가장 인기 있는 중국 음식은 단연 '마라탕'과 '탕후루'인데, '마라탕후루'라는 신조어가 생길 정도로 마라탕과 탕후루에 대한 사랑이 점점 더 커지고 있습니다. '마라탕후루'란 마라탕을 먹고 후식으로 탕후루를 먹는다는 의미입니다. '마라탕후루'는 맵고 단 음식의 조합으로 초등학생부터 MZ세대들에게 위로가 되는 음식이라고 합니다.

마라탕은 강가에 잠시 정박한 뱃사공들이 습한 기운을 없애면서 끼니를 빨리 때우기 위해서 먹던 음식이며, 탕후루는 원래 중국의 북방 지역에서 겨울에 몸을 보양하거나 동절기에 연료로 사용하는 석탄의 기를 없애기 위해서 먹던 음식이라고 합니다. 마라탕은 습한 지역에서, 탕후루는 건조한 지역에서 먹던 음식이라는 차이점도 있습니다.

5과

我要一杯拿铁。

Wǒ yào yì bēi nátiě.

라테 한 잔 주세요.

학습 내용	음료 주문 관련 중국어 표현
핵심 어법	조동사 要 yào | 선택 의문문 A还是B?
문화	중국의 차와 술 문화

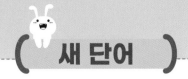
- **欢迎** huānyíng 동 환영하다
- **光临** guānglín 동 (경어) 왕림하다, 오시다
- **要** yào 조동 ~하려고 하다, ~할 것이다
- **拿铁** nátiě 고유 (카페)라테
- **热** rè 형 뜨겁다, 덥다
- **冰** bīng 명 아이스, 얼음

✏️ 써 보고 익히기

欢	欢		拿	拿	
迎	迎		铁	铁	
光	光		热	热	
临	临		冰	冰	

52

服务员 Fúwùyuán	您好！欢迎光临。要喝什么？ Nín hǎo! Huānyíng guānglín. Yào hē shénme?
金智慧 Jīn Zhìhuì	我要一杯拿铁。 Wǒ yào yì bēi nátiě.
服务员 Fúwùyuán	热的还是冰的？ Rè de háishi bīng de?
金智慧 Jīn Zhìhuì	热的。谢谢！ Rè de. Xièxie!

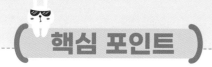

1 조동사 要 yào

조동사 要 yào는 '~하려고 하다'라는 뜻으로 동사 앞에 쓰여 행동에 대한 요구 또는 필요를 나타냅니다.

- 要喝什么?　어떤 음료를 시키시겠어요?
  Yào hē shénme?

- 要喝牛奶吗?　우유 마실 거예요?
  Yào hē niúnǎi ma?

- 我要吃西瓜。　저는 수박을 먹을 거예요.
  Wǒ yào chī xīguā.

- 我要买手机。　저는 휴대폰을 살 거예요.
  Wǒ yào mǎi shǒujī.

어휘　牛奶 niúnǎi 명 우유 ｜ 西瓜 xīguā 명 수박 ｜ 手机 shǒujī 명 휴대폰

54

2 선택 의문문 A还是B?

'A还是B?'는 'A 아니면 B?'라는 뜻으로 선택에 대해 물을 때 사용합니다.

- **热的还是冰的?**   따뜻한 거요 아니면 시원한 거요?
  Rè de háishi bīng de?

- **明天上班还是休息?**   내일은 출근하나요 아니면 쉬나요?
  Míngtiān shàngbān háishi xiūxi?

- **你喜欢喝拿铁还是美式咖啡?**
  Nǐ xǐhuan hē nátiě háishi měishì kāfēi?
  당신은 라테 마시는 걸 좋아하세요 아니면 아메리카노 마시는 걸 좋아하세요?

- **我们唱歌还是跳舞?**   우리 노래 부를까 아니면 춤 출까?
  Wǒmen chànggē háishi tiàowǔ?

어휘   **上班** shàngbān 명 출근하다 | **休息** xiūxi 동 휴식하다, 쉬다 | **喜欢** xǐhuan 동 좋아하다 | **唱歌** chànggē 동 노래를 부르다 | **跳舞** tiàowǔ 동 춤을 추다

✏️ 핵심 정리 해 보기

1 주어진 사진 중에서 녹음 내용과 일치하는 것을 선택하세요. 🎧 05-3

예시 这是我的书。 Zhè shì wǒ de shū.

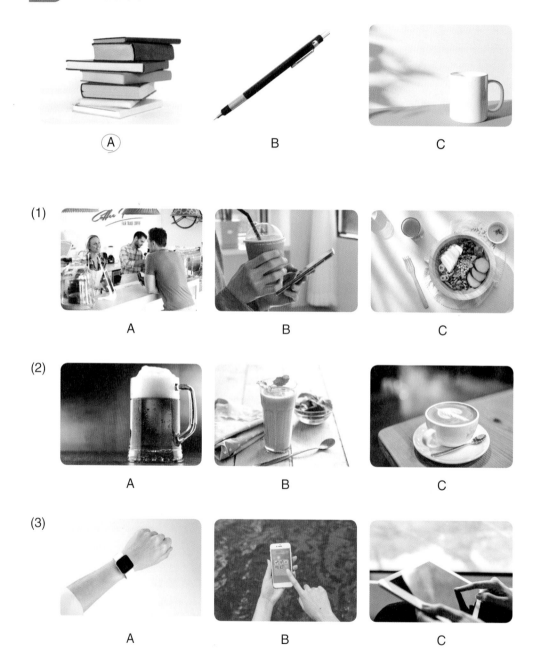

A

B

C

(1)

A

B

C

(2)

A

B

C

(3)

A

B

C

2 밑줄 친 부분을 제시어로 바꿔 대화를 완성하세요. 🎧 05-4

(1) A: 你要喝什么?
Nǐ yào hē shénme?

B: 我要喝拿铁。
Wǒ yào hē nátiě.

吃 chī	吃 chī	西瓜 xīguā
买 mǎi	买 mǎi	手机 shǒujī
看 kàn	看 kàn	中国电影 Zhōngguó diànyǐng

(2) A: 你要热的还是要冰的?
Nǐ yào rè de háishi yào bīng de?

B: 要冰的。
Yào bīng de.

明天上班 míngtiān shàngbān	休息 xiūxi	休息 xiūxi
喜欢喝拿铁 xǐhuan hē nátiě	美式咖啡 měishì kāfēi	美式咖啡 měishì kāfēi
唱歌 chànggē	跳舞 tiàowǔ	唱歌 chànggē

3 메뉴판을 보고 친구와 음료 주문하는 연습을 해 보세요.

보기

MENU

美式咖啡 měishì kāfēi	22元
拿铁 nátiě	30元
奶茶 nǎichá	18元
牛奶 niúnǎi	15元

A: 您好！欢迎光临。
Nín hǎo! Huānyíng guānglín.

要喝什么?
Yào hē shénme?

B: 来一杯 ＿＿＿＿＿＿＿＿ 。
Lái yì bēi ＿＿＿＿＿＿＿.

A: 热的还是冰的?
Rè de háishi bīng de?

B: ＿＿＿＿＿＿＿＿ 。谢谢!
＿＿＿＿＿＿＿. Xièxie!

4 제시된 질문에 알맞은 답을 골라 괄호 안에 알파벳을 적어 보세요.

보기 Ⓐ 喝 hē   Ⓑ 热 rè   Ⓒ 休息 xiūxi   Ⓓ 韩国人 Hánguórén

예시 我是（   Ⓓ   ）。
Wǒ shì（   ）.

(1) 你明天上班还是（   ）?
Nǐ míngtiān shàngbān háishi（   ）?

(2) 你要（   ）的还是冰的?
Nǐ yào（   ）de háishi bīng de?

(3) 你要（   ）牛奶吗?
Nǐ yào（   ）niúnǎi ma?

China Talk Talk

중국의
차와 술 문화

중국은 차의 나라로 유명합니다. 봄에는 화차(花茶 huāchá)를 마시고 여름에는 녹차(绿茶 lùchá)를 자주 마십니다. 냉한 체질에는 보이차(普洱茶 pǔ'ěrchá)를 마시고, 혈액 순환을 위해 백차(白茶 báichá)를 마시기도 합니다. 이 밖에 홍차(红茶 hóngchá)와 밀크티 등 지역적 특색이 있는 다양한 차가 있습니다. 이러한 차 문화는 중국의 각 지역별로 토양질에 따라서 재배하고 마시면서 지역 사람들의 체질을 보호해 주는 역할을 합니다.

중국 상하이에 가면 우리나라 못지 않게 **벅스 커피전문점이 많다는 것을 볼 수 있는데, 현재 중국 젊은이들은 차만큼이나 커피를 선호한다는 것을 알 수 있습니다.

'중국 술' 하면 고량주(高粱酒 gāoliángjiǔ), 백주(白酒 báijiǔ) 등이 떠오릅니다. 중국의 백주는 보통 52도 이상의 독주가 대부분이지만, 다른 술과 섞어 마시지 않는 이상 다음날 숙취가 없다는 것이 장점입니다.

6과

欢迎来我家做客。

Huānyíng lái wǒ jiā zuòkè.

우리 집에 온 걸 환영해요.

학습내용 손님 마중 관련 중국어 표현

핵심어법 정도부사 太 tài | 快 kuài + 동사

문화 중국의 선물 문화

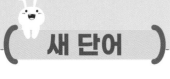

□ **做客** zuòkè 동 손님이 되다, 집을 방문하다　　□ **快** kuài 형 빠르다

□ **一些** yìxiē 수 ~(것들)　　□ **进来** jìnlái 동 들어오다

□ **水果** shuǐguǒ 명 과일　　□ **哇** wā 감 와(뜻밖의 놀람을 나타냄)

□ **客气** kèqi 동 예의가 바르다, 정중하다　　□ **真** zhēn 부 정말, 진짜

✏️ 써 보고 익히기

客	客		快	快	
些	些		进	进	
果	果		哇	哇	
客	客		真	真	

张 伟
Zhāng Wěi

欢迎来我家做客。
Huānyíng lái wǒ jiā zuòkè.

金智慧
Jīn Zhìhuì

谢谢！我买了一些水果。
Xièxie!　　Wǒ mǎi le yìxiē shuǐguǒ.

张 伟
Zhāng Wěi

你太客气了！快进来！
Nǐ tài kèqi le!　　Kuài jìnlái!

金智慧
Jīn Zhìhuì

哇，你家真大啊！
Wā,　nǐ jiā zhēn dà a!

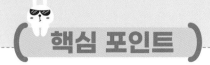

1 정도부사 太 tài

정도부사 太 tài는 주로 형용사 또는 심리동사 앞에 쓰여 정도가 심하다는 것을 나타냅니다. 회화에서 주로 '太……了'의 구조로 감탄문을 구성하여 '너무 ~하다'라는 뜻을 나타냅니다.

- 太客气了! 너무 예의 바르시네요!
  Tài kèqi le!

- 太好了! 너무 잘됐어요!(좋아요!)
  Tài hǎo le!

- 太累了! 너무 힘들어요!
  Tài lèi le!

- 太漂亮了! 너무 예쁘네요!
  Tài piàoliang le!

어휘 累 lèi 형 피곤하다 | 漂亮 piàoliang 형 예쁘다, 아름답다

② 快 kuài + 동사

快 kuài는 '빠르다'는 뜻이며 회화체에 '快＋동사'의 구조로 행동에 대한 재촉을 나타냅니다.

- 快进来! 빨리(어서) 들어오세요!
  Kuài jìnlái!

- 快说! 빨리 말해요!
  Kuài shuō!

- 快睡觉! 빨리 자요!
  Kuài shuìjiào!

- 快看! 빨리 보세요!
  Kuài kàn!

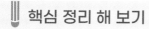 어휘 ▌ 睡觉 shuìjiào 통 잠을 자다

✏️ 핵심 정리 해 보기

1 주어진 사진 중에서 녹음 내용과 일치하는 것을 선택하세요. 🎧 06-3

예시 这是我的书。 Zhè shì wǒ de shū.

Ⓐ
B
C

(1)
A
B
C

(2)
A
B
C

(3)
A
B
C

2 밑줄 친 부분을 제시어로 바꿔 대화를 완성하세요. 🎧 06-4

(1) 太客气了!
Tài kèqi le!

好
hǎo

累
lèi

漂亮
piàoliang

(2) 快进来!
Kuài jìnlái!

说
shuō

睡觉
shuìjiào

看
kàn

3 보기를 참고하여 친구와 함께 집 방문 관련 중국어 대화를 연습해 보세요.

보기	선물	집 상태
상황1	一些水果 yìxiē shuǐguǒ	大 dà
상황2	一些零食 yìxiē língshí	漂亮 piàoliang
상황3	两瓶酒 liǎng píng jiǔ	干净 gānjìng

A: 欢迎来我家做客。
   Huānyíng lái wǒ jiā zuòkè.

B: 谢谢！我买了 _____ 。
   Xièxie! Wǒ mǎi le _____.

A: 你太客气了！快进来！
   Nǐ tài kèqi le! Kuài jìnlái!

B: 哇，你家真 _____ 啊！
   Wā, nǐ jiā zhēn _____ a!

참고어휘　零食 língshí 명 간식 | 酒 jiǔ 명 술 | 干净 gānjìng 형 깨끗하다

4 제시된 질문에 알맞은 답을 골라 괄호 안에 알파벳을 적어 보세요.

보기　Ⓐ 进来 jìnlái　Ⓑ 欢迎 huānyíng　Ⓒ 客气 kèqi　Ⓓ 韩国人 Hánguórén

예시　我是（　Ⓓ　）。
　　　Wǒ shì（　　　）.

(1)　（　　　　　）来我家做客。
　　　（　　　　）lái wǒ jiā zuòkè.

(2)　你太（　　　　）了！
　　　Nǐ tài（　　　）le!

(3)　快（　　　　）！
　　　Kuài（　　　）!

중국의
선물 문화

　중국은 선물 문화가 발달하여 서로 선물을 주고받는 일이 많습니다. 그러나 중국 사람에게 선물할 일이 생겼을 때에는 피해야 하는 선물이 있습니다. 과연 어떤 것이 있을까요?

　중국 사람에게는 '시계'를 선물하지 말아야 하는데, 특히 벽걸이 시계를 피해야 합니다. 벽걸이 시계를 뜻하는 '钟 zhōng'은 '끝나다'라는 뜻의 '终 zhōng'과 발음이 같아서 특히 나이든 어른에게는 선물하지 말아야 합니다. 우산(伞 sǎn)도 주의해야 합니다. '흩어지다'라는 뜻의 '散 sàn'과 발음이 같기 때문입니다. 이 외에도 연인끼리는 배(梨 lí)를 나눠 먹거나 선물하지 않습니다. '헤어지다'라는 뜻의 '离 lí'와 발음이 같아서 주의해야 합니다.

　이는 중국의 '해음 현상'과 관련이 있습니다. 금기시하는 선물을 제외하고, 우리나라에서 유행하는 과자나 음료를, 여성인 경우에는 화장품 같은 것을 선물하는 것이 어떨까요?

7 과

我想看看这块智能手表。

Wǒ xiǎng kànkan zhè kuài zhìnéng shǒubiǎo.

이 스마트워치를 좀 보고 싶어요.

학습 내용 물건 구매 관련 중국어 표현

핵심 어법 조동사 可以 kěyǐ | 동사의 중첩

문화 중국의 쇼핑 문화

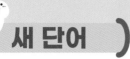

□ 想 xiǎng 조동 ~을 하고 싶다

□ 看 kàn 동 보다

□ 块 kuài 양 손목시계를 세는 단위

□ 智能手表 zhìnéng shǒubiǎo 명 스마트워치

□ 请 qǐng 동 요청하다, 부탁하다

□ 到 dào 개 ~에, ~로, ~까지

□ 边 biān 명 주위, 쪽

□ 可以 kěyǐ 조동 ~해도 되다, ~할 수 있다

□ 试 shì 동 시도하다, ~해 보다

✏️ 써 보고 익히기

想	想		表	表
看	看		请	请
智	智		以	以
能	能		试	试

07-2

金智慧
Jīn Zhìhuì

我想看看这块智能手表。
Wǒ xiǎng kànkan zhè kuài zhìnéng shǒubiǎo.

店 员
Diànyuán

请到这边来。
Qǐng dào zhèbiān lái.

金智慧
Jīn Zhìhuì

我可以试试吗?
Wǒ kěyǐ shìshi ma?

店 员
Diànyuán

可以,请稍等。
Kěyǐ,　　 qǐng shāo děng.

1 조동사 可以 kěyǐ

조동사 可以 kěyǐ는 동사 앞에 쓰여 허락 혹은 허용을 나타냅니다.

- 我可以试试吗? 제가 좀 입어 봐도 될까요?
  Wǒ kěyǐ shìshi ma?

- 你可以回答吗? 당신이 대답할 수 있나요?
  Nǐ kěyǐ huídá ma?

- 明天可以休息。 내일 쉴 수 있어요.
  Míngtiān kěyǐ xiūxi.

- 你不可以告诉他。 너는 그에게 말하면 안 돼.
  Nǐ bù kěyǐ gàosu tā.

어휘 回答 huídá 통 대답하다 ㅣ 告诉 gàosu 통 알리다

② 동사의 중첩

중국어에는 동사를 반복된 형식으로 사용하는 경우가 있으며 이를 중첩이라고 합니다. 동사의 중첩 형태는 주로 동작 시간이 짧음을 나타내며 중첩된 두 번째 동사는 경성으로 발음합니다. '동사+一下'와 같은 의미로 '좀', '조금', '잠시'로 해석할 수 있습니다.

- 我想看看这块智能手表。　스마트워치를 좀 보고 싶어요.
  Wǒ xiǎng kànkan zhè kuài zhìnéng shǒubiǎo.

- 你试试这件衣服。　이 옷을 한 번 입어 보실래요?
  Nǐ shìshi zhè jiàn yīfu.

- 你说说。　네가 좀 말해 봐.
  Nǐ shuōshuo.

- 我问问他。　내가 그에게 좀 물어볼게.
  Wǒ wènwen tā.

어휘　件 jiàn 양 벌(옷을 세는 단위) ｜ 衣服 yīfu 명 옷 ｜ 问 wèn 동 묻다, 질문하다

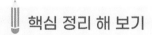 핵심 정리 해 보기

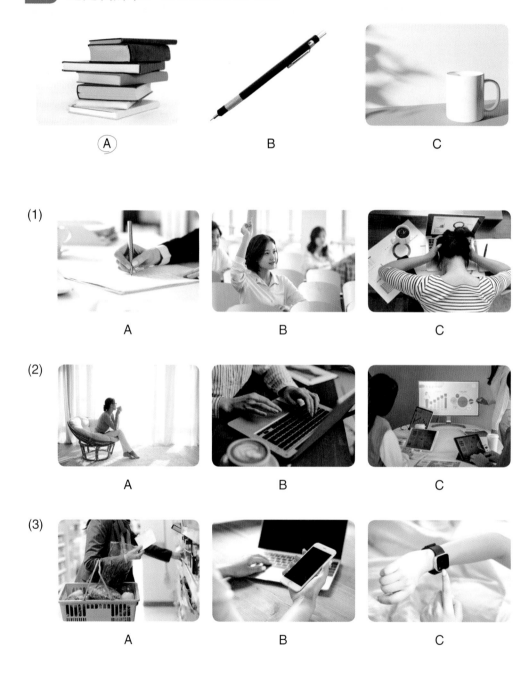

연습문제

1 주어진 사진 중에서 녹음 내용과 일치하는 것을 선택하세요. 🎧 07-3

예시 这是我的书。 Zhè shì wǒ de shū.

A
B
C

(1)
A
B
C

(2)
A
B
C

(3)
A
B
C

2 밑줄 친 부분을 제시어로 바꿔 대화를 완성하세요. 🎧07-4

(1) **A:** 我想看看这块智能手表。 **B:** 好的。
Wǒ xiǎng kànkan zhè kuài zhìnéng shǒubiǎo. Hǎo de.

试试这件衣服
shìshi zhè jiàn yīfu

问老师
wèn lǎoshī

休息
xiūxi

(2) **A:** 我可以试试吗? **B:** (不)可以。
Wǒ kěyǐ shìshi ma? (Bù) Kěyǐ.

看看
kànkan

说说
shuōshuo

听听
tīngting

어휘 | 听 tīng 통 듣다

3 다양한 상황에서 물건을 구매할 때 필요한 표현을 친구와 연습해 보세요.

A: 我可以试试这 _____ 吗?
Wǒ kěyǐ shìshi zhè _____ ma?

B: 可以，请稍等。
Kěyǐ, qǐng shāo děng.

	장소	구매 물품 및 관련 양사
상황1	옷 매장	件 jiàn / 衣服 yīfu 옷
상황2	신발 매장	双 shuāng / 鞋 xié 신발
상황3	가전 제품 매장	块 kuài / 智能手表 zhìnéng shǒubiǎo 스마트워치

참고어휘 双 shuāng 양 쌍, 매, 켤레 | 鞋 xié 명 신발

4 제시된 질문에 알맞은 답을 골라 괄호 안에 알파벳을 적어 보세요.

보기 Ⓐ 可以 kěyǐ   Ⓑ 看看 kànkan   Ⓒ 等 děng   Ⓓ 韩国人 Hánguórén

예시 我是（ Ⓓ ）。
Wo shì（   ）.

(1) 可以，请稍（   ）。
Kěyǐ, qǐng shāo（   ）.

(2) 我（   ）试试吗?
Wǒ（   ）shìshi ma?

(3) 我想（   ）这个智能手表。
Wǒ xiǎng（   ）zhège zhìnéng shǒubiǎo.

중국의
쇼핑 문화

    중국에서는 20세기 후반에서 21세기 초반만 하더라도 오프라인 시장에서만 물건을 구매할 수 있고 가격 흥정이 가능했습니다. 가격 흥정을 통해 물건을 싸게 구입하는 재미도 있고, 가격을 흥정하는 과정에서 중국어 실력이 향상되는 등 긍정적인 효과도 있었습니다.

    그러나 세상이 달라졌습니다. 알리바바의 타오바오(淘宝 Táobǎo)가 생기면서 사람들이 온라인에서 쇼핑을 하기 시작했습니다. 요즘에는 핀둬둬(拼多多 Pīn duōduō)와 같은 공동구매 사이트도 많이 활용합니다. 그동안 중국에서 구매대행을 했던 많은 전자상거래 업체들이 중국 상품의 쇼핑을 대신해 주었지만, 이제는 중국에서 생활하려면 위챗페이(微信支付 Wēixìn zhīfù)와 알리페이(支付宝 Zhīfùbǎo)를 만들어서 구매를 할 줄 알아야 합니다.

    한국에서도 중국 상품의 직구가 가능한 시대가 왔으니, 우리도 중국의 쇼핑 사이트에서 한 번 구매해 보면 어떨까요?

8과

您用微信还是支付宝?

Nín yòng Wēixìn háishi Zhīfùbǎo?

위챗페이로 결제하시겠어요 아니면 알리페이로 결제하시겠어요?

학습 내용	결제 방식 관련 중국어 표현
핵심 어법	의문사 多少 duōshao ┃ 有 yǒu & 没有 méi yǒu
문화	중국의 SNS 문화

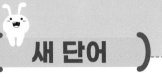

새 단어

 08-1

- □ 一共 yígòng 부 합계, 모두
- □ 多少 duōshao 대 얼마, 몇
- □ 钱 qián 명 돈
- □ 块 kuài 양 중국의 화폐 단위, 위안(元)에 해당함
- □ 用 yòng 통 사용하다, 쓰다
- □ 微信 Wēixìn 고유 위챗(페이)
- □ 还是 háishi 접 아니면

- □ 支付宝 Zhīfùbǎo 고유 알리페이
- □ 里 lǐ 명 안
  * 里는 원래 3성이나 명사와 함께 쓰일 때에는 경성이 됨
- □ 没有 méiyǒu 통 없다
- □ 扫 sǎo 통 스캔하다, 찍다
- □ 二维码 èrwéimǎ 고유 QR코드

써 보고 익히기

微	微		宝	宝	
信	信		钱	钱	
支	支		扫	扫	
付	付		维	维	

金智慧 Jīn Zhìhuì	一共多少钱？ Yígòng duōshao qián?
店 员 Diànyuán	五十块。您用微信还是支付宝？ Wǔshí kuài. Nín yòng Wēixìn háishi Zhīfùbǎo?
金智慧 Jīn Zhìhuì	我微信里没有钱，支付宝吧。 Wǒ Wēixìn li méiyǒu qián, Zhīfùbǎo ba.
店 员 Diànyuán	好的，您扫一下二维码。 Hǎo de, nín sǎo yíxià èrwéimǎ.

1 의문사 多少 duōshao

의문사 多少 duōshao는 '몇', '얼마'라는 뜻으로 숫자 혹은 수량을 물을 때 사용합니다.

A 一共多少钱?
Yígòng duōshao qián?
모두 얼마예요?

B 五十块。
Wǔshí kuài.
50위안이에요.

A 一共多少杯奶茶?
Yígòng duōshao bēi nǎichá?
밀크티 모두 몇 잔이에요?

B 十杯奶茶。
Shí bēi nǎichá.
밀크티 열 잔이에요.

A 有多少个学生?
Yǒu duōshao ge xuésheng?
몇 명의 학생이 있어요?

B 三十个学生。
Sānshí ge xuésheng.
학생 30명이 있어요.

A 你看了多少本书?
Nǐ kàn le duōshao běn shū?
당신은 책을 몇 권 읽었어요?

B 二十本书。
Èrshí běn shū.
스무 권을 읽었어요.

어휘 学生 xuésheng 명 학생

2 有 yǒu 와 没有 méi yǒu

중국어 有 yǒu는 '있다'라는 뜻으로 소유 혹은 존재를 나타냅니다. 부정은 '没有 méi yǒu'로 표현합니다.

A 你有现金吗?
Nǐ yǒu xiànjīn ma?
현금 있어요?

B 有。
Yǒu.
있어요.

A 你有学生证吗?
Nǐ yǒu xuéshēngzhèng ma?
학생증 있어요?

B 有。
Yǒu.
있어요.

A 你有微信号吗?
Nǐ yǒu Wēixìn hào ma?
위챗 계정 있어요?

B 没有。
Méi yǒu.
없어요.

A 你有时间吗?
Nǐ yǒu shíjiān ma?
시간 있어요?

B 没有。
Méi yǒu.
없어요.

어휘 │ 现金 xiànjīn 명 현금 │ 学生证 xuéshēngzhèng 명 학생증 │ 微信号 Wēixìn hào 위챗 계정 │ 时间 shíjiān 명 시간

✏ 핵심 정리 해 보기

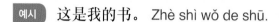

연습문제

1 주어진 사진 중에서 녹음 내용과 일치하는 것을 선택하세요. 🎧 08-3

예시 这是我的书。 Zhè shì wǒ de shū.

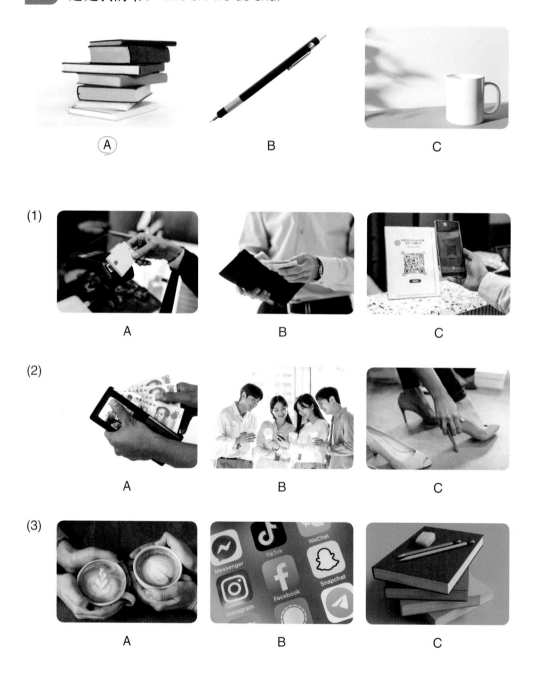

Ⓐ   B   C

(1) A   B   C

(2) A   B   C

(3) A   B   C

2 밑줄 친 부분을 제시어로 바꿔 대화를 완성하세요. 🎧08-4

(2)　A: 一共多少钱?
　　　Yígòng duōshao qián?

　　B: 五十块。
　　　Wǔshí kuài.

　　个学生
　　ge xuésheng

　　三十个学生
　　Sānshí ge xuésheng

　　杯奶茶
　　bēi nǎichá

　　十杯奶茶
　　Shí bēi nǎichá

　　本书
　　běn shū

　　二十本书
　　Èrshí běn shū

(2)　A: 你有现金吗?
　　　Nǐ yǒu xiànjīn ma?

　　B: 有(没有)。
　　　Yǒu (méi yǒu).

　　学生证
　　xuéshēngzhèng

　　微信号
　　Wēixìn hào

　　时间
　　shíjiān

3 다음 상황을 참고해서 친구와 자유롭게 대화를 연습해 보세요.

예시
A: 两份炒饭多少钱?
Liǎng fèn chǎofàn duōshao qián?

B: 30块。
Sānshí kuài.

A: 我微信支付。
Wǒ Wēixìn zhīfù.

B: 您扫一下二维码。
Nín sǎo yíxia èrwéimǎ.

	장소	구매	가격	결제 방식
상황1	饭馆 fànguǎn	两份炒饭 liǎng fèn chǎofàn	30块 sānshí kuài	微信 Wēixìn
상황2	超市 chāoshì	三瓶饮料 sān píng yǐnliào	15块 shíwǔ kuài	支付宝 Zhīfùbǎo
상황3	咖啡店 kāfēidiàn	两杯冰美式 liǎng bēi bīng měishì	35块 sānshíwǔ kuài	微信 Wēixìn

참고어휘 **饭馆** fànguǎn 명 식당, 음식점 | **份** fèn 양 ~인분 | **超市** chāoshì 명 마트, 슈퍼마켓

4 제시된 질문에 알맞은 답을 골라 네모 칸 안에 알파벳을 적어 보세요.

예시
Nǐ shì Hánguórén ma?
你是韩国人吗?   B

Ⓐ Wǔshí kuài.
五十块。

(1)
Nǐ yǒu shíjiān ma?
你有时间吗?

Ⓑ Bú shì.
不是。

(2)
Yígòng duōshao qián?
一共多少钱?

Ⓒ Zhīfùbǎo ba.
支付宝吧。

(3)
Nín yòng Wēixìn háishi Zhīfùbǎo?
您用微信还是支付宝?

Ⓓ Wǒ méiyǒu shíjiān.
我没有时间。

중국의
SNS 문화

　세계적으로 많이 사용하는 페이스북, 인스타그램, 트위터 등에서는 중국인 계정을 찾아보기 어렵습니다. 이는 바로 중국 사람들은 위챗(微信 Wēixìn), 웨이보(微博 Wēibó), 틱톡(抖音 Dǒuyīn)과 같은 중국 SNS를 주로 사용하기 때문입니다. 최근에는 해외에서 틱톡 붐이 일어나면서 중국의 SNS 문화와 숏폼에 대한 관심이 뜨거워졌습니다. 그러나 중국의 틱톡에 등장하는 숏폼이 청소년에게 유해하거나 자극적인 영상이 많아서 미국 의회에서는 틱톡 중국 계정을 차단할 것을 결의한 바 있습니다.

　중국 사람들은 왜 중국 SNS만 사용할까요? 이유는 중국에서는 SNS를 국가적 차원에서 철저하게 관리하고 있기 때문입니다. 중국에서 인기가 많은 한국 연예인들도 중국 SNS 계정을 가지고 왕훙(网红 wǎnghóng 인플루언서) 활동을 할 수 있는 사람이 몇 안 되는 것을 보면 관리가 얼마나 철저한지 알 수 있습니다. 우리가 생각하기에 구글, 유튜브 등과 같은 사이트를 사용하지 못하는 것이 불편하거나 답답할 것 같지만, 정작 중국 사람들은 그렇지 않다고 생각합니다.

9과

你收到礼物了吗?

Nǐ shōudào lǐwù le ma?

(당신) 선물 받았어요?

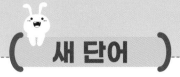

새 단어

□ 收到 shōudào 동 받다, 수령하다

□ 七夕 Qīxī 명 (칠월) 칠석

□ 礼物 lǐwù 명 선물

□ 男朋友 nánpéngyou 명 남자 친구

□ 发 fā 동 보내다

□ 红包 hóngbāo 명 돈을 넣은 붉은 봉투,
붉은 봉투에 들어있는 돈

□ 好……啊 hǎo……a 부 매우(정말) ~하다

□ 羡慕 xiànmù 동 부러워하다

✏️ 써 보고 익히기

收	收		发	发	
礼	礼		包	包	
物	物		羡	羡	
友	友		慕	慕	

金智慧　**你收到七夕礼物了吗？**
Jīn Zhìhuì　Nǐ shōudào Qīxī lǐwù le ma?

张　伟　**没收到。你呢？**
Zhāng Wěi　Méi shōudào. Nǐ ne?

金智慧　**我收到了男朋友发的红包。**
Jīn Zhìhuì　Wǒ shōudào le nánpéngyou fā de hóngbāo.

张　伟　**真好。好羡慕啊。**
Zhāng Wěi　Zhēn hǎo. Hǎo xiànmù a.

① 동작의 완료를 부정하는 没(有) méi(yǒu) + 동사

'동사 + 了 le'는 동작 혹은 행동의 완료를 나타내며 이에 대한 부정은 '没(有) + 동사'로 나타냅니다.

A 你收到七夕礼物了吗?
Nǐ shōudào Qīxī lǐwù le ma?
당신 (칠월) 칠석 선물 받았어요?

B 收到了。
Shōudào le.
받았어요.

A 你选课了吗?
Nǐ xuǎnkè le ma?
당신 수강 신청 했어요?

B 选了。
Xuǎn le.
수강 신청 했어요.

A 你吃饭了吗?
Nǐ chīfàn le ma?
당신 식사는 했어요?

B 还没吃。
Hái méi chī.
아직 안 먹었어요.

A 你见朋友了吗?
Nǐ jiàn péngyou le ma?
당신 친구 만났어요?

B 没见。
Méi jiàn.
못 만났어요.

| 어휘 | 还 hái **부** 아직, 여전히 |

2 好……啊 hǎo……a

'好……啊 hǎo……a'는 '매우(정말) ~하다'라는 뜻으로 강력한 마음 혹은 느낌을 표현할 때 사용합니다.

- 好羡慕啊! 정말 부럽네요!
  Hǎo xiànmù a!

- 今天好冷啊! 오늘 정말 춥네요!
  Jīntiān hǎo lěng a!

- 这个好贵啊! 이것은 매우 비싸네요!
  Zhè ge hǎo guì a!

- 好高兴啊! 정말 기쁘네요!
  Hǎo gāoxìng a!

어휘　今天 jīntiān 명 오늘 ｜ 冷 lěng 형 춥다 ｜ 贵 guì 형 비싸다 ｜ 高兴 gāoxìng 형 기쁘다

✏ 핵심 정리 해 보기

1 주어진 사진 중에서 녹음 내용과 일치하는 것을 선택하세요. 🎧09-3

예시 这是我的书。 Zhè shì wǒ de shū.

(예시) A / B / C

(1) A / B / C

(2) A / B / C

(3) A / B / C

2 밑줄 친 부분을 제시어로 바꿔 대화를 완성하세요. 🎧09-4

(1)　A: 你收到礼物了吗?
　　　　Nǐ shōudào lǐwù le ma?

　　　　　　　　　　　　　　　　　B: 没收到。
　　　　　　　　　　　　　　　　　　 Méi shōudào.

　　　　选课
　　　　xuǎnkè

　　　　吃饭
　　　　chīfàn

　　　　发红包
　　　　fā hóngbāo

　　　　　　　　　　　　　　　　　选课
　　　　　　　　　　　　　　　　　xuǎnkè

　　　　　　　　　　　　　　　　　吃饭
　　　　　　　　　　　　　　　　　chīfàn

　　　　　　　　　　　　　　　　　发红包
　　　　　　　　　　　　　　　　　fā hóngbāo

(2)　天气好冷啊!
　　　Tiānqì hǎo lěng a!

　　　这个　　贵
　　　Zhè ge　guì

　　　我　　　高兴
　　　Wǒ　　　gāoxìng

　　　今天　　热
　　　Jīntiān　rè

3 친구에게 생일에 어떤 선물을 받았는지 물어보고 아래 표를 완성해 보세요.

A: 你收到了什么礼物?
   Nǐ shōudào le shénme lǐwù?

B: 我收到了 _____ 。
   Wǒ shōudào le _____.

	이름	받은 선물
1		
2		
3		

4 보기에서 괄호 안에 들어갈 알맞은 답을 골라 빈칸에 알파벳을 적어 보세요.

보기 Ⓐ 好 hǎo   Ⓑ 没 méi   Ⓒ 发 fā   Ⓓ 韩国人 Hánguórén

예시 我是 (Ⓓ) 。
     Wo shì ( ).

(1) 朋友 ( ) 收到礼物。
    Péngyou ( ) shōudào lǐwù.

(2) 天气 ( ) 热啊!
    Tiānqì ( ) rè a!

(3) 我收到了男朋友 ( ) 的红包。
    Wǒ shōudào le nánpéngyou ( ) de hóngbāo.

중국의 명절과 기념일 문화

중국의 대표적인 명절과 기념일을 꼽자면 3가지를 들 수 있습니다.

첫 번째 기념일로는 음력 정월 초하루(1월 1일)인 '춘절(春节 Chūn Jié)'이 있습니다. 춘절은 중국의 가장 큰 명절로 약 5~7일간 쉽니다. 중국 사람들은 춘절에 모여서 다같이 '단원반(团圆饭 tuányuánfàn)'으로 만두(饺子 jiǎozi)를 빚어 먹습니다. 춘절 전에는 가족이 모여서 청소도 하고 만두도 빚으면서 가족의 의미를 다지고 새해의 액운을 떨치는 세시풍속을 따라 합니다.

두 번째 기념일은 5월 1일 '노동절(劳动节 Láodòng Jié)'입니다. 원래는 7일간 휴일을 가졌지만 지금은 3일 정도로 축소되었습니다. 중국은 연휴가 많지 않기 때문에 가족들과 함께 보내는 춘절 외에 노동절 연휴를 이용하여 여행을 합니다.

세 번째 기념일은 10월 1일 중화인민공화국 창립일인 '국경절(国庆节 Guóqìng Jié)'입니다. 이 날은 모두 베이징 톈안먼광장(天安门广场 Tiān'ānmén guǎngchǎng)에 모여 국기 게양식에 참여하고 국가에 대한 충성을 맹세합니다. 이때 역시 약 5~7일 정도의 휴일을 가지며, 개인 시간으로 활용하는 문화가 점점 만연해지고 있습니다.

10과

你喜欢做什么?

Nǐ xǐhuan zuò shénme?

당신은 무엇을 하는 걸 좋아합니까?

학습 내용	취미 활동 관련 중국어 표현
핵심 어법	······的时候 ······de shíhou | 喜欢 xǐhuan + 동사
문화	중국인의 운동 문화

새 단어

□ **时候** shíhou 명 ~할 때

□ **运动** yùndòng 통 운동하다

□ **玩儿** wánr 통 놀다

□ **游戏** yóuxì 명 게임, 놀이

✏️ 써 보고 익히기

时	时		玩	玩	
候	候		儿	儿	
运	运		游	游	
动	动		戏	戏	

张 伟
Zhāng Wěi

没课的时候，你喜欢做什么？
Méi kè de shíhou,　nǐ xǐhuan zuò shénme?

金智慧
Jīn Zhìhuì

我喜欢运动。
Wǒ xǐhuan yùndòng.

张 伟
Zhāng Wěi

你喜欢什么运动？
Nǐ xǐhuan shénme yùndòng?

金智慧
Jīn Zhìhuì

我喜欢游泳。你呢？
Wǒ xǐhuan yóuyǒng.　Nǐ ne?

张 伟
Zhāng Wěi

我喜欢玩儿游戏。
Wǒ xǐhuan wánr yóuxì.

1 ……的时候 ……de shíhou

……的时候 ……de shíhou는 '~할 때'라는 뜻으로 상황과 관련지어 시간을 표현할 때 사용합니다.

- 没课的时候，你做什么? 수업이 없을 때 당신은 뭐해요?
  Méi kè de shíhou, nǐ zuò shénme?

- 没课的时候，我玩儿游戏。 수업이 없을 때 저는 게임을 해요.
  Méi kè de shíhou, wǒ wánr yóuxì.

- 吃饭的时候，他看手机。 밥을 먹을 때 그는 휴대폰을 봐요.
  Chīfàn de shíhou, tā kàn shǒujī.

- 上课的时候，她玩儿游戏。 수업할 때 그녀는 게임을 해요.
  Shàngkè de shíhou, tā wánr yóuxì.

2 喜欢 xǐhuan + 동사

喜欢 xǐhuan은 '좋아하다'라는 뜻으로 '喜欢 + 동사'의 구조를 통해 취미를 나타냅니다.

- **你喜欢做什么?** 당신은 뭐 하는 것을 좋아해요?
  Nǐ xǐhuan zuò shénme?

- **我喜欢游泳。** 저는 수영하는 것을 좋아해요.
  Wǒ xǐhuan yóuyǒng.

- **我喜欢玩儿游戏。** 저는 게임하는 것을 좋아해요.
  Wǒ xǐhuan wánr yóuxì.

- **我爸喜欢爬山。** 아버지는 등산하는 것을 좋아하세요.
  Wǒ bà xǐhuan páshān.

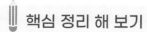 爸 bà 명 아빠 | 爬山 páshān 통 등산하다

✏️ 핵심 정리 해 보기

연습문제

1 주어진 사진 중에서 녹음 내용과 일치하는 것을 선택하세요. 🎧10-3

예시　这是我的书。　Zhè shì wǒ de shū.

Ⓐ　　　　　　　　B　　　　　　　　C

(1)

A　　　　　　　　B　　　　　　　　C

(2)

A　　　　　　　　B　　　　　　　　C

(3)

A　　　　　　　　B　　　　　　　　C

2 밑줄 친 부분을 제시어로 바꿔 대화를 완성하세요. 🎧 10-4

(1) **没课的时候，我玩儿游戏。**
Méi kè de shíhou, wǒ wánr yóuxì.

吃饭 Chīfàn	看手机 kàn shǒujī
上课 Shàngkè	玩儿游戏 wánr yóuxì
有时间 Yǒu shíjiān	见朋友 jiàn péngyou

(2) A: 你喜欢做什么?   B: 我喜欢运动。
　　 Nǐ xǐhuan zuò shénme?　　　Wǒ xǐhuan yùndòng.

游泳
yóuyǒng

爬山
páshān

玩儿游戏
wánr yóuxì

3 친구에게 취미에 대해 물어보고 아래 표를 완성해 보세요.

A: 你喜欢做什么?
  Nǐ xǐhuan zuò shénme?

B: 我喜欢 ＿＿＿＿＿＿＿＿。
  Wǒ xǐhuan ＿＿＿＿＿＿.

	이름	취미
1		
2		
3		

4 제시된 질문에 알맞은 답을 골라 네모 칸 안에 알파벳을 적어 보세요.

예시
Nǐ shì Hánguórén ma?
你是韩国人吗?   B

(1) Méi kè de shíhou, nǐ zuò shénme?
没课的时候，你做什么?

(2) Nǐ xǐhuan shénme yùndòng?
你喜欢什么运动?

(3) Nǐ bà xǐhuan zuò shénme?
你爸喜欢做什么?

Ⓐ Wǒ bà xǐhuan páshān.
我爸喜欢爬山。

Ⓑ Bú shì.
不是。

Ⓒ Wǒ wánr yóuxì.
我玩儿游戏。

Ⓓ Wǒ xǐhuan yóuyǒng.
我喜欢游泳。

중국인의 운동 문화

요즘은 젊은 사람, 노인 할 것 없이 모두 건강 관리를 위해 운동을 열심히 합니다. 우리나라도 축구, 러닝, PT, 필라테스, 요가 등 운동 문화가 매우 발달했으며 운동이 하나의 유행처럼 번지고 있습니다.

중국 또한 운동 문화가 매우 발달했으며, 중국에서의 대학 생활에서 빠지지 않는 것이 바로 생활 체육입니다. 한국의 대학에 '한국 대학 스포츠 협회'가 있는 것처럼 중국에도 '중국 학생 체육 사이트(中国学生体育网 Zhōngguó Xuésheng Tǐyùwǎng)'가 잘 구비되어 있습니다. 종합 대학에는 대형 운동장이 캠퍼스 곳곳에 있어서 자유롭게 운동할 수 있으며, 수영장이 있는 대학교도 많습니다.

저녁이 되면 어른들은 광장에 나와 다같이 부채 등을 들고 광장무(广场舞 guǎngchǎngwǔ)를 추고, 젊은이들은 운동장 트랙을 돌거나 배드민턴, 탁구를 치는 모습을 흔히 볼 수 있습니다. 중국인들은 일반인들도 탁구와 배드민턴을 잘 치기 때문에 내기는 피하는 것이 좋겠습니다.

11과

他找到好工作了。

Tā zhǎodào hǎo gōngzuò le.

그는 좋은 직장을 찾았어요.

학습 내용	취업 및 진학 관련 중국어 표현
핵심 어법	동사 + 到 dào	조동사 想 xiǎng
문화	중국 대학생의 취업 준비 문화

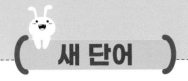 **새 단어**

- 找 zhǎo 동 찾다, 구하다
- 到 dào 동 도착하다, ~까지 이르다
- 工作 gōngzuò 명 일
- 前辈 qiánbèi 명 선배

- 还 hái 부 아직, 여전히
- 想 xiǎng 조동 ~하고 싶다, ~하려 하다
- 进 jìn 동 들다, 들어가다
- 外企 wàiqǐ 명 '외자 기업'의 준말

✏️ 써 보고 익히기

找	找			么	么		
到	到			进	进		
作	作			外	外		
什	什			企	企		

金智慧
Jīn Zhìhuì

你找到工作了吗?
Nǐ zhǎodào gōngzuò le ma?

前　辈
Qiánbèi

还没有找到。
Hái méi zhǎodào.

金智慧
Jīn Zhìhuì

你想找什么工作?
Nǐ xiǎng zhǎo shénme gōngzuò?

前　辈
Qiánbèi

我想进外企工作。
Wǒ xiǎng jìn wàiqǐ gōngzuò.

1 동사 + 到 dào

到 dào는 원래 '도착하다', '~까지 이르다'라는 뜻이며, 동사 뒤에 출현하는 경우 행동 혹은 동작의 결과를 나타냅니다.

- 他找到工作了。   그는 일자리를 찾았어요.
  Tā zhǎodào gōngzuò le.

- 我看到猫了。   저는 고양이를 봤어요.
  Wǒ kàndào māo le.

- 我听到声音了。   저는 소리를 들었어요.
  Wǒ tīngdào shēngyīn le.

- 我们买到票了。   우리는 티켓을 샀어요.
  Wǒmen mǎidào piào le.

어휘   猫 māo 명 고양이 ┃ 声音 shēngyīn 명 소리 ┃ 票 piào 명 표

2 조동사 想 xiǎng

동사 앞에 위치하여 희망과 바람을 나타내며 '~하고 싶다', '~하려고 하다'라는 뜻으로 쓰입니다.
이에 대한 부정은 想 앞에 不를 붙입니다.

- 你想做什么？ 당신은 뭘 하고 싶어요?
  Nǐ xiǎng zuò shénme?

- 我想进外企工作。 저는 외국기업에 들어가고 싶어요.
  Wǒ xiǎng jìn wàiqǐ gōngzuò.

- 我想玩儿游戏。 저는 게임을 하고 싶어요.
  Wǒ xiǎng wánr yóuxì.

- 我想休息。 저는 쉬고 싶어요.
  Wǒ xiǎng xiūxi.

✏ 핵심 정리 해 보기

연습문제

1 주어진 사진 중에서 녹음 내용과 일치하는 것을 선택하세요. 11-3

예시　这是我的书。　Zhè shì wǒ de shū.

2 밑줄 친 부분을 제시어로 바꿔 대화를 완성하세요. 🎧 11-4

(1) A: 你想做什么?
     Nǐ xiǎng zuò shénme?

   B: 我想找工作。
      Wǒ xiǎng zhǎo gōngzuò.

   学汉语
   xué Hànyǔ

   玩儿游戏
   wánr yóuxì

   睡觉
   shuìjiào

(2) 他找到工作了。
     Tā zhǎodào gōngzuò le.

   我   看   小猫
   Wǒ   kàn   xiǎomāo

   我   听   声音
   Wǒ   tīng   shēngyīn

   我们   买   票
   Wǒmen   mǎi   piào

3 아래 네 가지 상황 중 하나를 선택하여 친구와 자유롭게 대화를 완성해 보세요.

예시　A: _____ 想找什么工作?
　　　　 _____ xiǎng zhǎo shénme gōngzuò?

　　　B: 他/她想进 _____ 工作。
　　　　 Tā xiǎng jìn _____ gōngzuò.

	이름	직장
상황1	金智慧 Jīn Zhìhuì	外企 wàiqǐ
상황2	张伟 Zhāng Wěi	韩国公司 Hánguó gōngsī
상황3	男朋友 nánpéngyou	中国公司 Zhōngguó gōngsī
상황4	女朋友 nǚpéngyou	大学 dàxué

4 제시된 질문에 알맞은 답을 골라 괄호 안에 알파벳을 적어 보세요.

보기　Ⓐ 进 jìn　　Ⓑ 听到 tīngdào　　Ⓒ 找到 zhǎodào　　Ⓓ 韩国人 Hánguórén

예시　我是 (Ⓓ)。
　　　Wo shì ( )。

(1)　他 ( ) 什么工作了?
　　　Tā ( ) shénme gōngzuò le?

(2)　他 ( ) 外企了吗?
　　　Tā ( ) wàiqǐ le ma?

(3)　我 ( ) 声音了。
　　　Wǒ ( ) shēngyīn le.

중국 대학생의
취업 준비 문화

　중국도 코로나 이후 취업 시장이 약 30% 감소하면서 청년 실업이 사회적 이슈가 되었습니다.

　20세기만 해도 중국은 각 지역별로 인재를 양성하였으며, 출생지가 아닌 지역에서 대학을 졸업해도 다시 자신의 고향으로 돌아와서 일정 기간 근무하거나 나라가 배정하는 곳에서 일을 했습니다. 그 당시에는 취업 걱정을 하지 않아도 됐었지만, 지금의 중국 청년들은 매해 취업 박람회에 참석하여 일자리를 구해야 할 만큼 청년 실업 문제가 심각해졌습니다.

　우리나라도 IMF라는 경제 위기를 겪으면서 대학 졸업 후 취업이 어려워지자 대학원으로 진학을 많이 했고, 심화 학습이 필요한 전공에서는 대학원 진학이 필수가 되기도 했습니다. 최근 중국의 대학원 진학이 40%를 육박한 것을 보아 취업의 문턱이 높아진 것도 크게 작용한 것으로 보입니다. 대학원 진학 외에도, 많은 청년들이 졸업과 동시에 자신의 원하는 회사에 인턴십을 신청하는데, 이는 인턴십을 했던 회사에서 정직원 제안을 하는 경우가 많기 때문입니다.

12과

假期我打算去上海旅游。

Jiàqī wǒ dǎsuàn qù Shànghǎi lǚyóu.

휴가 기간에 저는 상하이로 여행 갈 계획이에요.

학습 내용	여행 계획 관련 중국어 표현
핵심 어법	打算 dǎsuàn ∣ 경험 '동사 + 过 guo'
문화	중국의 건강 생활 문화

새 단어

□ **假期** jiàqī 명 휴가 기간

□ **打算** dǎsuàn 동 계획하다

□ **上海** Shànghǎi 고유 상하이

□ **旅游** lǚyóu 명 동 여행(하다)

□ **过** guo 조 과거의 경험을 나타냄

□ **跟** gēn 개 와, 과

□ **谁** shéi 대 누구

□ **去年** qùnián 명 작년

✏️ 써 보고 익히기

假	假		游	游	
期	期		过	过	
算	算		跟	跟	
旅	旅		谁	谁	

金智慧
Jīn Zhìhuì

假期我打算去上海旅游。
Jiàqī wǒ dǎsuàn qù Shànghǎi lǚyóu.

你去过上海吗？
Nǐ qùguo Shànghǎi ma?

张 伟
Zhāng wěi

去过。
Qùguo.

金智慧
Jīn Zhìhuì

你跟谁去过？
Nǐ gēn shéi qùguo?

张 伟
Zhāng wěi

去年我跟朋友一起去过。
Qùnián wǒ gēn péngyou yìqǐ qùguo.

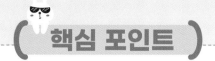
1 打算 dǎsuàn

打算 dǎsuàn은 '계획하다'라는 뜻으로 동사 앞에 붙어 행동 혹은 행위의 계획을 나타냅니다.

- 我打算去上海旅游。　저는 상하이에 여행 갈 계획이에요.
  Wǒ dǎsuàn qù Shànghǎi lǚyóu.

- 我打算换手机。　저는 휴대폰을 바꿀 계획이에요.
  Wǒ dǎsuàn huàn shǒujī.

- 他打算去国外工作。　그는 해외로 취업할 계획이에요.
  Tā dǎsuàn qù guówài gōngzuò.

- 我打算准备HSK考试。　저는 HSK시험을 준비할 계획이에요.
  Wǒ dǎsuàn zhǔnbèi HSK kǎoshì.

어휘　　换 huàn 동 바꾸다 │ 国外 guówài 명 국외, 해외 │ 准备 zhǔnbèi 동 준비하다 │
考试 kǎoshì 명 동 시험(을 치다)

124

2 동사 + 过 guo

过 guo는 원래 '경과하다'라는 뜻이며 동사 뒤에 출현하는 경우 행동 혹은 행위의 경험을 나타냅니다. 부정은 '没(有)＋동사＋过'로 표현합니다.

A 你去过上海吗?
Nǐ qùguo Shànghǎi ma?
당신 상하이에 가 본 적 있어요?

B 去过。
Qùguo.
가 본 적 있어요.

A 你吃过麻辣烫吗?
Nǐ chīguo málàtàng ma?
당신 마라탕 먹어 본 적 있어요?

B 吃过。
Chīguo.
먹어 본 적 있어요.

A 你看过这个电影吗?
Nǐ kànguo zhè ge diànyǐng ma?
당신 이 영화 본 적 있어요?

B 没看过。
Méi kànguo.
본 적 없어요.

A 他说过吗?
Tā shuōguo ma?
그가 말한 적 있어요?

B 没说过。
Méi shuōguo.
말한 적 없어요.

 핵심 정리 해 보기

연습문제

1 주어진 사진 중에서 녹음 내용과 일치하는 것을 선택하세요. 🎧 12-3

예시 这是我的书。 Zhè shì wǒ de shū.

(A)   B   C

(1) A   B   C

(2) A   B   C

(3) A   B   C

2 밑줄 친 부분을 제시어로 바꿔 대화를 완성하세요. 🎧 12-4

(1) **我打算去上海旅游。**
Wǒ dǎsuàn qù Shànghǎi lǚyóu.

我	换手机
Wǒ	huàn shǒujī

他	去国外工作
Tā	qù guówài gōngzuò

我	准备HSK考试
Wǒ	zhǔnbèi HSK kǎoshì

(2) A: **你去过上海吗?**   B: **去过。**
Nǐ qùguo Shànghǎi ma?   Qùguo.

吃	中国菜	吃
chī	Zhōngguó cài	Chī

看	这部电影	没看
kàn	zhè bù diànyǐng	Méi kàn

学	汉语	学
xué	Hànyǔ	Xué

어휘   部 bù 명 편 [서적·영화 등을 세는 단위]

3 아래 중국 여행 계획 중 하나를 선택하여 친구와 자유롭게 대화를 완성해 보세요.

	목적지	누구와	언제
상황1	上海 Shànghǎi	父母 fùmǔ	寒假 hánjià 겨울 방학
상황2	北京 Běijīng	朋友 péngyou	暑假 shǔjià 여름 방학
상황3	香港 Xiānggǎng	姐姐 jiějie	明年 míngnián 내년
상황4	哈尔滨 Hā'ěrbīn	妈妈 māma	春节 Chūn Jié 춘절

A: 你打算去哪儿旅游？
Nǐ dǎsuàn qù nǎr lǚyóu?

B: _____.

A: 你跟谁一起去？
Nǐ gēn shéi yìqǐ qù?

B: _____.

A: 你打算什么时候去？
Nǐ dǎsuàn shénme shíhou qù?

B: _____.

참고 어휘 父母 fùmǔ 몡 부모 | 寒假 hánjià 몡 겨울 방학 | 暑假 shǔjià 몡 여름 방학 |
香港 Xiānggǎng 고유 홍콩 | 姐姐 jiějie 몡 언니, 누나 | 明年 míngnián 몡 내년 |
哈尔滨 Hā'ěrbīn 고유 하얼빈 | 春节 Chūn Jié 고유 춘절

---

4 제시된 질문에 알맞은 답을 골라 네모 칸 안에 알파벳을 적어 보세요.

예시 Nǐ shì Hánguórén ma?
你是韩国人吗？   B

(1) Nǐ qùguo Shànghǎi ma?
你去过上海吗？

(2) Nǐ dǎsuàn zuò shénme?
你打算做什么？

(3) Nǐ gēn shéi qùguo?
你跟谁去过？

Ⓐ Wǒ dǎsuàn qù guówài gōngzuò.
我打算去国外工作。

Ⓑ Bú shì.
不是。

Ⓒ Wǒ gēn péngyou qùguo.
我跟朋友去过。

Ⓓ Méi qùguo.
没去过。

중국의
건강 생활 문화

중국인들은 평소 건강 관리에 관심이 많습니다.

중국인들을 보면 '장염'에 걸리는 일이 별로 없습니다. 그 이유는 채소는 매 끼니마다 바로바로 볶아서 익혀 먹고, 차가운 물보다 따뜻한 물을 마시는 평소 습관 때문입니다. 물뿐만 아니라 차, 음료, 심지어 맥주까지 상온으로 마시기도 합니다.

일상생활에서 중국인들은 가까운 거리는 걷거나 자전거를 이용합니다. 활동량이 비교적 많아서 기름진 음식을 많이 먹더라도 살이 잘 찌지 않습니다. 또한 식사할 때 주식인 밥이나 국수의 양을 적게 먹음으로써 탄수화물의 섭취를 최소화합니다.

그러나 중국의 MZ세대와 알파세대는 조금 다릅니다. 패스트푸드에 익숙하고, 부모가 차나 자전거 등으로 학교에 데려다 주는 등 식습관과 생활습관이 서구화되어서 비만 아동이 늘고 있는 추세입니다. 중국인의 오랜 건강 생활 문화가 점점 사라지고 있는 것이 아쉽습니다.

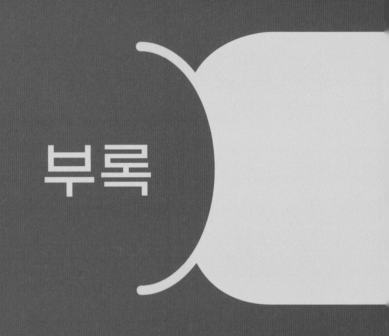

부록